HORARIO DEL VIENTO

COLECCION ESPEJO DE PACIENCIA

EDICIONES UNIVERSAL, MIAMI, 1971

JOSE ANGEL BUESA

HORARIO DEL VIENTO

Ediciones Universal
P. O. Box 353 (Shenandoah Station)
Miami, Florida, 33145. U.S.A.

© Copyright 1971 by
José Angel Buesa.

Depósito Legal: Z.-739-1971

Cometa, S. A. — Avda. de las Torres, 17 — Zaragoza — 1971

TEMARIO SENTIMENTAL

AMAMOS PORQUE SÍ...

Amamos porque sí, sencillamente
porque sí, sin saberlo,
como cuando la espiga se levanta,
como la lluvia cuando está cayendo,
como el viento que pasa y no lo sabe
y, sin embargo, pasa y es el viento.

Amamos porque sí, sencillamente
porque sí, sin razón y sin remedio,
como se seca un pozo,
como se empaña a veces un espejo,
como una fecha que cambió de día
o un nombre que olvidamos en un sueño.

Amamos porque sí, sencillamente,
y no importa en qué tiempo,
si en un amanecer de primavera
o en un lento crepúsculo de invierno,
pues si el árbol lozano da más flores
son más dulces los frutos de los árboles viejos.

Amamos porque sí, sencillamente,
por un porqué fatal que no sabemos,
como el traje de luto para un niño
o como las estrellas para un ciego,
como van hacia abajo las raíces
y hacia arriba las ramas con las hojas por dentro.

Amamos porque sí, sencillamente
porqué sí, porque es cierto,
como un anochecer al mediodía,
como una llamarada sobre el hielo,
como resucitar estando vivos
sólo para morir sin haber muerto.

Amamos porque sí, sencillamente.
Sencillamente, como pasa el viento...

CANCIÓN DEL HOMBRE SOLO

Puede ser una calle, un bosque, un río,
un puente en ruinas o una arcada bella;
y de pronto recuerdo, a pesar mío:
    «Yo estuve aquí, con ella...»

Pero murmuro: «Corazón constante,
que por ser tan constante no envejeces:
Nadie vive dos veces un instante,
ni una nube, jamás, pasa dos veces».

Yo era otro hombre cuando vi esa estrella
desde este parque tristemente amigo;
y ella, esté donde esté, ya no es aquélla
    que estuvo aquí conmigo...

LA MINA ENCANTADA

He aquí, entre la maleza,
la entrada de la mina,
ese inquietante hueco donde empieza
lo que no sé decir dónde termina.

Es la mina encantada,
la mina del extraño encantamiento;
pero puedes bajar, sin temer nada,
si proteges tu antorcha contra un golpe de viento.

Será más que un tesoro,
en la sombra del túnel sin final,
la luz petrificada de las vetas de oro
y el llanto reprimido de las vetas de sal.

Y más hacia adelante
irás viendo las cosas que no son,
en los amaneceres del diamante
y en las noches perpetuas del carbón.

Con tu paso prudente,
por una interminable galería,
tal vez te encontrarás ante una fuente
de donde brota un agua de otro día.

Y oirás lejanas voces
en las profundidades del olvido,
voces de ayer, que ya no reconoces,
como las voces de los que se han ido.

Verás en un pantano
el cadáver de tu última muñeca,
y llorarás amargamente en vano,
como es vano el rocío sobre una rosa seca.

Y andando en la neblina
se apagará tu antorcha de repente,
y, desde lo más hondo de la mina,
regresarás gritando desesperadamente.

Y yo estaré allá afuera,
bajo el sol, esperándote en la entrada,
y, al echarte en mis brazos, en tu loca carrera,
te besaré los ojos sin preguntarte nada.

Pues para ti, que has ido,
igual que para mí, que he regresado,
la mina no es la Muerte ni el Olvido,
sino algo más horrible todavía: El Pasado.

POEMA DE LA ALCOBA

Al entrar en la sala, amplia y severa,
sentí ese olor que casi no se siente,
a seda antigua, a mustia primavera,
como si en el umbral me recibiera
la evocación de una mujer ausente.

Después, cuando ascendía la escalera,
me pareció escuchar pasos extraños,
—no sé bien— un crujido en la madera,
en la sorda oquedad de los peldaños,
como si otra persona me siguiera.

Y esta paz suavemente provinciana,
este sopor de habitación vacía
donde acaso una tarde, en la ventana,
alguna novia de cabeza cana
lloraba porque sí, porque llovía...

Y estos mosaicos de apagado brillo,
donde escucho un rumor de pies livianos
otra vez, a lo largo del pasillo;
y también como el roce de un anillo
en el negro barniz del pasamanos.

Y al fin la puerta, la pesada puerta
de relucientes tablas de caoba,
que alguien —quién sabe quién— dejó entreabierta;
la alucinante puerta de la alcoba
de una mujer ausente, o quizás muerta.

(No, yo no sabré nunca quién la olvida,
ni su noble perfil en el poniente;
y es mejor ignorar toda la vida
cómo se llama una mujer ausente
o cómo era una desconocida...)

Y eso es todo. En el lúgubre aposento,
un vaho a cofre antiguo, a lluvia, a tierra...
Y, de repente, el estremecimiento
de una silbante ráfaga de viento,
y una pesada puerta que se cierra.

TE LO DIRÁ TU ESPEJO

Te lo dirá tu espejo
con un extravagante silogismo:
se muere joven o se muere viejo,
y no es lo mismo, pero da lo mismo.

Te dirá que en la vida,
que es un hoy con ayer, nunca es mañana,
más allá de la cana ennegrecida
que no por eso deja de ser cana.

Dirá que si has podido
empañarlo un instante con tu aliento,
así, empañado, reflejó tu olvido,
él, que no sabe reflejar el viento.

Por eso, pobre amante,
besa y sonríe, o besa y nada más,
porque andando y andando hacia adelante
te irás quedando poco a poco atrás.

Y así, frente al espejo,
por paradoja de paralelismo,
el más joven no es más que menos viejo,
—y no es lo mismo, pero da lo mismo...

CANCIÓN CONTIGO

Aquí estás, en la sombra, con tu mano en la mía,
respirando en un tiempo sin antes ni después.
Ya ves que, aunque te fuiste, no te vas todavía,
y estás aquí, conmigo, —no importa donde estés.

Desnuda en esta sombra te palpará mi mano,
—lenta mano de ciego que acaricia una flor,
y sabré de repente dónde empieza el verano,
yo, que sólo he sabido dónde acaba el amor.

Aquí estás, en la sombra, conmigo todavía,
compartiendo este lecho, cálidamente aquí,
detenida en la noche donde nunca es de día,
detenida en la noche y amaneciendo en mí.

Y ahora soy como un surco donde madura el trigo,
como la flor que nace donde pisan tus pies,
porque, aunque nunca vuelvas, siempre estarás conmigo,
conmigo en esta sombra sin antes ni después.

ESA MUJER...

Esa mujer que ya no va conmigo,
más que un amor, fue una costumbre mía.
Y alguien podrá entenderme cuando digo
que a veces me acompaña todavía
esa mujer que ya no va conmigo.

Nadie ha podido detener el viento
ni transformar en júbilo una pena.
Se va el amor y cambia el sentimiento,
y aunque alguien haga florecer la arena
nadie ha podido detener el viento.

Lo que pudo durar toda la vida
se convierte en espuma de repente.
Y el alma se nos queda entristecida
cuando se va definitivamente
lo que pudo durar toda la vida.

Esa mujer que ya no va conmigo
supo crearme una ilusión extraña.
Y alguien podrá entenderme cuando digo
que a veces todavía me acompaña
esa mujer que ya no va conmigo.

PARÁBOLA DEL RÍO

Mi vida es como un río
a veces turbio, a veces transparente;
y, como hay algo en mí que está vacío,
todo lo que reflejo lo hago mío
y lo voy arrastrando en mi corriente.

El punto de partida
se queda atrás, y es una cosa cierta;
pero también es cierto que mi vida
nunca ha de ser un agua detenida,
como el agua de un pozo, que está muerta.

Pareceré más lento,
porque voy acercándome a la nieve;
pero, en un invisible movimiento,
muevo el viento de ayer, que ya no es viento,
y el agua de una lluvia que no llueve.

Pero si el mar me espera,
con su sal y su légamo sombrío,
yo, arrastrando hacia el mar la primavera,
seguiré siendo río a mi manera,
si es que hay otra manera de ser río.

Es cierto: mi agua es llanto,
y en lo profundo de mi cauce hay lodo,
pero cuánto he cantado, cuánto, cuánto;
y si me queda solamente el canto
nunca diré que lo he perdido todo.

Y así, desde la fuente,
donde puede ser pura el agua escasa,
voy hacia el mar, inevitablemente,
y mi vida se va con la corriente,
que no sabe volver después que pasa...

SOLILOQUIO DEL VAGABUNDO

A veces echo a andar por el principio,
por mi niñez adulta de respuestas,
con la perplejidad del participio
y el numérico enigma de las restas.

O el sábado de parque hasta las nueve,
y el buen olor a pan, de madrugada;
y faltar a la misa porque llueve,
o porque sí, sin que suceda nada.

Y alternar los bastones del padrino
pasando noche a noche por la acera
de aquella novia del portal vecino,
que fue mi novia sin que lo supiera.

O dar traspiés de caminante ciego,
solo, por la llanura movediza;
y descubrir cómo envejece el fuego,
en el primer puñado de ceniza.

Y el andén otoñal, con la linterna
del guardavías custodiando el piso;
y aquella gran pasión que no fue eterna
por aquel tren y porque Dios no quiso.

Y luego el mar, y los remotos puertos
para ir alegremente y volver triste;
y aprender el idioma de los muertos
buscando a una mujer que ya no existe.

Y sentir florecer la primavera,
simple y profunda como nuestra vida,
mientras el árbol calla en su madera
el secreto que al hombre se le olvida...

POEMA LEJANO

A veces me pregunto dónde estarás ahora,
después de tantas noches sin tu mano en la mía,
—noches de abrir un libro para esperar la aurora,
noches de largo viento por la calle vacía.

Y me pregunto a veces si hay alguien que te espera,
alguien que no conoces, que pasa y te saluda;
y, como siempre vistes de negro en primavera,
no sé si tus vecinas pensarán que eres viuda.

A veces me imagino cómo serán las cosas
que te son familiares: tu jardín, tu ventana,
el búcaro en la mesa para poner las rosas
y un triste desayuno sin mí cada mañana.

O me quedo pensando qué sentirás, tan lejos,
en las tardes heladas, al quitarte el abrigo;
y cuando vas de compras sin mirar los espejos
para que no te digan que ya no voy contigo.

Y también me pregunto si alguna madrugada
prefieres no dormirte para soñar despierta,
o cómo se entristece de lluvia tu mirada
cuando pasa el cartero sin tocar en tu puerta.

Pero no me pregunto si olvidarás mi nombre,
ni lo que tú me diste, ni lo que yo te di,
pues si te ven un día del brazo de otro hombre
tendrá que ser un hombre que se parece a mí...

INTERMEDIO NOCTURNO

ANDAMOS ENTRE SOMBRAS

Andamos entre sombras, equivocando puertas,
recorriendo un oscuro país desconocido,
creyendo que son falsas las cosas que son ciertas
o dando por seguras las cosas que no han sido.

Andamos entre sombras, extendiendo la mano,
con la noche por dentro bajo la luz del día,
sin comprender siquiera lo que es andar en vano
al andar por las calles de una ciudad vacía.

Andamos entre sombras por un largo camino,
buscando tercamente todo lo que no vino,
o todo lo que vino pero que se nos fue;

y ya al final volvemos al punto de partida,
cansadamente tristes de caminar la vida
sin que sepamos nunca por qué ni para qué.

NOCTURNO DEL TROGLODITA

He aquí la gran noche sin fin, la eternidad del tiempo.
Y nosotros, los hombres de hoy, que medimos los astros,
no estamos seguros de mirar hacia arriba, mirando hacia
[arriba,
en la enormidad de la Nada, sin arriba ni abajo.

He aquí la inquietante quietud de la noche estrellada,
del siempre-más-allá para el misterio y el espanto;
y he aquí la miserable pequeñez de un hombre ante la
[noche,
y la dolorosa ceguera total de sus ojos mirando.

He aquí la noche sin principio, la voluntad oscura
que se difunde inexistentemente donde ya no hay espacio,
como la sombra perpetua en la cueva del troglodita,
como la ascensión de la savia por dentro del árbol.

Y el hombre echa tercas raíces sobre el mundo cambiante,
sobre la superficie de su gran redondel girando,
pero al mirar hacia la noche no comprende la muerte,
ni la extraña finalidad de haber vivido en vano.

CANCIÓN DEL INDIFERENTE

Nadie dirá que un día me sentí descontento
del lugar de mi cuna y el año en que nací;
ni yo le digo a nadie lo que me dice el viento,
—esas cosas que el viento sólo me dice a mí.

Poco importa en qué hora de qué día cualquiera,
en qué mes o en qué año comenzó mi niñez,
después que ya sabemos que nuestra primavera
es una primavera para una sola vez.

Y lo mismo en el pueblo lejano de mi cuna
que en ciudad fulgurante o en oscuro rincón,
yo alzaría los ojos para mirar la luna
con un cuarto menguante sobre mi corazón.

Y ya sobre las huellas de tantos caminantes,
con las manos vacías, con llagas en los pies,
da igual haber nacido quinientos años antes
que tener que morirme dos mil años después.

EL ALGODONERO

Hoy, en pleno verano,
ya comenzó el invierno.

Porque en verdad parece,
viéndolo desde lejos,
que esta tarde cayó una gran nevada
únicamente en el algodonero.

Y, en su copo de espuma,
cada negra semilla emprende el vuelo,
para fructificar no importa dónde,
cuando se canse de impulsarla el viento.

Y eso está bien —me digo—,
está bien y lo entiendo.

Y contemplo la planta,
su nieve vegetal, su falso invierno,
mientras vuelan los copos uno a uno,
siempre más alto y cada vez más lejos.

Pero me desconcierta,
más que la astucia del algodonero,
la extraña exactitud con que florece,
precisamente cuando sopla el viento...

MEDITACIÓN DEL DESMEMORIADO

Quién sabe cuántas ventanas con cristales rotos habrá en el
[mundo,
cuántas raíces ávidas creciendo en las remotas selvas de
[nadie.
Quién sabe cuántos hombres han muerto mientras sacudo
[la ceniza de mi cigarrillo,
o cuántos han nacido mientras el humo se disuelve en
[el aire.

Hombres que crispan sus manos en las duras herramientas,
en sus lentas faenas feroces de sudor y de sangre;
hombres que sueñan la eternidad contemplando una hormiga,
o que remueven en los ataúdes su pequeñez miserable.

Madrugadas de amor, al insomnio feliz de una lámpara;
lluvias de otoño en las aceras de grises ciudades;
el pedazo de pan de antier que se endurece en la mesa
o el diploma con firmas zurdas encima del estante.

Viejo carbón con la memoria de las fechas ardientes,
nombres escritos en el agua que no supo quedarse;
y alzar los ojos con secreto pavor hacia el fin de la noche,
o quebrarnos las uñas descendiendo en pozos culpables.

Y esto una vez y otra, en minutos, en días, en meses, en
[años;
y esto una y otra vez, porque sí, como una lluvia que cae.
Y seguir andando en la sombra, no importa hacia dónde,
porque es la gran sombra total que conduce hacia Ninguna
[Parte.

Y todo para nada, en la profunda perpetuidad del olvido,
—ya el polvo de un libro de amor o el polvo de las pirámides.
Y el viento pasando y pasando desde el principio terrible
hasta el horrible final de todos los finales.

Y por eso digo: quién sabe cuántas ventanas con cristales
[rotos,
cuántas raíces húmedas, cuánto tiempo más allá de esta
[calle.
Y quién sabe qué día alguien sacudirá la ceniza de un
[cigarrillo,
quién sabe cuándo —para mí—, quién sabe dónde —lejos—,
[quién sabe...

SUMARIO DE LA LLUVIA

CANCIÓN LLOVIENDO

Si la lluvia lloviera
de un modo diferente,
nadie iría tan triste por la acera,
como toda esa gente.

Pues si la lluvia fuera
sólo un agua que cae, simplemente,
ni yo me detendría en la escalera
ni estaría llorando la vecina de enfrente.

Y si Dios caminara entre la gente,
bajo esta lluvia, en esa misma acera,
Dios alzaría un dedo de repente
y la haría llover de otra manera...

CONSEJO

Cierra los ojos, ciérralos,
y haz como el árbol, que no ve lo triste.
O aprende con la yerba,
que no pregunta, pero sobrevive.

Aunque abrieras los ojos
serás igual que un ciego,
que también anda a tientas en la sombra
y que tampoco ve pasar el viento.

POEMA DE LAS FECHAS

Siempre, como una oscura mitad desconocida,
al dorso de las fechas que van quedando atrás,
hay cosas que ignoramos de nuestra propia vida
y que probablemente no sabremos jamás.

Nadie podrá decirnos el día, el mes, el año,
pero seguramente tuvo que suceder
que no vimos la mueca maligna del engaño
detrás de la sonrisa leal de una mujer.

O pudo sucedernos también, seguramente,
así como una rama que reprime su flor,
que detrás de una fría mirada indiferente
se encendía la llama del verdadero amor.

Nadie nos dirá nunca por qué un remordimiento
para toda la vida, no nos remuerde ya,
ni por qué tantas cosas que pasan como el viento
son cosas que se quedan cuando el viento se va.

Ni sabremos tampoco cuándo empezó un hastío,
que, como un aire helado que entró por el balcón,
fue apagando las luces de un gran salón vacío,
pero menos vacío que nuestro corazón.

No lo sabremos nunca. Y es mejor que así sea,
porque es triste dos veces lo triste del ayer,
como es triste un espejo para una niña fea
o un libro para un viejo que no sabe leer.

Y es que si nos dijeran el año, el mes, el día
de una fecha sin tiempo que nos espera aún,
y aquí termina todo, bien poco importaría
una tumba de mármol o una fosa común.

Pero nadie lo dice. Y humildes o arrogantes
vemos cómo se acercan el día, el año, el mes,
unos con el recuerdo de las rosas de antes
y otros con el espanto de lo que habrá después.

Porque si en el minuto de la muerte sabemos
lo que esconden las fechas en su oscura mitad,
¡qué dolorosamente nos pesarán los remos,
bogando sin olvido toda la eternidad!

ELEGÍA PROVISIONAL

Allá estará la mesa, aquella mesa
que era un mármol redondo, frente al puerto,
como en mis noches de esperar a nadie
con mi sonrisa de volver de lejos.

Y yo en el cafetín, mirando el piso
geométricamente blanco y negro,
que fue un tablero de quedarme triste
jugando al ajedrez con el recuerdo.

Allá estará la mesa, con su roce
de tantas manos y de tanto tiempo,
con algo de sepulcro por encima
cuando es otoño y se lo dice el viento.

Y añorará el metal de los anillos
y el bergantín zarpando en el espejo,
cuando empieza a llover y uno quisiera
que no lloviera como está lloviendo.

O quién sabe si el hálito salobre
que fue oxidando su armazón de hierro,
la derrumbó una tarde, de repente,
bajo los codos de los marineros.

Y hoy, tal vez, en la yerba de un traspatio,
entre montones de manteles viejos,
va rodando su lápida redonda,
su luna de perfil, su mármol muerto.

Y no importa. Esa mesa —aquella mesa—
sigue allá, sobre el piso blanco y negro,
como en mis noches de esperar a nadie,
en un oscuro cafetín del puerto.

LA HOJA AMARILLA

La hoja amarilla entre la fronda verde
  quiere volar y el viento se la lleva;
  y al árbol no le importa si la pierde
  porque empieza a inventar una hoja nueva.

Tampoco a mí me importa en qué momento
  vuelvo a cantar lo que he cantado tanto,
  y me sonrío cuando pasa el viento,
  el viento que se lleva lo que canto...

HOMBRE EN LA SOMBRA

Hombre en la sombra, con el libro a un lado
y la lámpara fría. Y un silencio
parecido al del agua con su noche,
en lo más hondo del coral creciendo.

Puede ser martes donde son ceniza
los nombres y los números del tiempo,
o septiembre en la lluvia de allá afuera
con su manera de llover por dentro.

Hombre en la sombra, —y casi da lo mismo
que le duela vivir o que esté muerto.
Puede ser nunca, o todavía, o siempre,
pero si sopla el viento, sopla el viento.

Y nada más. Una palabra oída
no importa cuándo, oscuramente lejos.
Un hombre solo. Dios quién sabe dónde.
Y la mujer amada envejeciendo.

HUBO UNA VEZ

Hubo una vez un río,
un claro río que se fue secando.
Hubo un rosal que ya no dio más rosas,
después de ser la gloria del verano.
Y un vino sorbo a sorbo,
un vino alegre que se agrió en el vaso.

Hubo una vez un resplandor de trigo
donde creció la yerba de los campos.
Hubo una vez una campana de oro
que dejó de sonar quién sabe cuándo.
Y un espejo de plata
que empañó su reflejo en el ocaso.

Hubo una vez una mujer bonita,
hace ya treinta años...

NOMBRE DE LLUVIA

Sólo me sé tu nombre cuando llueve,
—cuando llueve en las tardes, sobre todo.

Tu nombre de agua lenta,
poco a poco,
en una calle de ventanas tristes
o en un atardecer para estar solo.

Esta tarde de lluvia
tu nombre es como un pozo,
en el que va cayendo gota a gota
el otoño.

Esta tarde tu nombre
no sé si está más lejos o más hondo,
si es un camino donde nadie pasa
o un gran salón con los espejos rotos...

ARTE POÉTICA

No es que esté mal si llueve en primavera
exagerando el agua con su ruido,
pero cuando llovió de esa manera
nos parece después que no ha llovido.

Y es preferible esa llovizna leve,
en tan pequeñas gotas, una a una,
que casi se diría que no llueve
y penetra más hondo que ninguna.

SIEMPRE HAY UN DÍA

Siempre hay un día, no sabemos cuándo,
de quién sabe hacia dónde, pero lejos;
y el tiempo va torciendo y oxidando
todas las fechas, como clavos viejos.

Y aunque el día sin fin no tiene prisa
con los responsos ni con los festejos,
siempre es triste mirarse la sonrisa
en la parte de atrás de los espejos.

CANCIÓN TARDÍA

Atardeciendo ya sobre mi vida,
tan bien vivida, pero tan en vano,
una mano pequeña y desvalida
se me apoya en la mano.

Y yo, que sé que es demasiado tarde
menos para la muerte o el castigo,
debería decir: «Que Dios te guarde,
pero es mejor ir solo que ir conmigo.»

Y, sin embargo, ya oscurece el día
en la noche glacial sin una estrella,
y no aparto esa mano de la mía
por si mañana he de apoyarme en ella...

PARABOLA DEL CIEGO

PARÁBOLA DEL CIEGO

Azoth, joven perpetuo de la Sabiduría,
revocando su sombra, salió a la luz un día.
Con rústicos y doctos de aldeas y ciudades
discutió las mentiras y explicó las verdades.
Hombres, mujeres, niños, le salían al paso,
pero sólo por verlo, no para hacerle caso,
pues su noble palabra le valió solamente,
si no la indiferencia, la burla de la gente.

Y Azoth, el joven-viejo, volvió por donde vino,
de nuevo hacia su cueva, desandando el camino;
pero al pisar los surcos multiplicaba el grano,
y las fieras del bosque le lamían la mano.

Y ocurrió que una tarde solarmente de fuego
se cruzó en el camino con un anciano ciego,
que le fijó los ojos con su mirada rara,
con su mirada muerta, como si lo mirara.

Y Azoth detuvo el paso y el anciano también.
Y el anciano le dijo: «Yo sé bien quién es Quién;
yo, que estoy en la sombra desde mi nacimiento
y reconozco al tacto los colores del viento:
Habla, que sé entenderte, Señor...»
                                    Y Azoth le dijo:
—«Habla tú, como un padre que le hablara a su hijo.
Yo voy por otra sombra, que es donde nadie vio,
pero tú, que eres ciego, verás mejor que yo...»

Y el anciano habló entonces: «Me llamo Kaba. Un día
hubo un sol de luz negra, porque un niño nacía,
y era yo, Kaba el Ciego; —no sé dónde ni cuándo,
porque son las dos cosas que nadie aprende andando.
Y yo anduve y anduve por salir al encuentro
de la noche de todos con mi noche de adentro.
Y en esa gran tiniebla, más triste que la mía,
sentí que, lentamente, mi noche amanecía.

»Y déjame decirte que sé lo que te digo,
porque he cruzado, hambriento, por los campos de trigo,
y recibí en la cuna la suprema merced
de rechazar el agua muriéndome de sed.
»Pero aprendí que el hombre mide con su tamaño,
y es falsa esa medida de su orgullo o su engaño,
como es falso su tiempo, que, segundo a segundo,
sólo mide a su modo la rotación del mundo.

»Y hay muchas diferencias —deja que te lo diga—
entre el mundo del hombre y el mundo de la hormiga;
y hay que aprender las rutas del pájaro emigrante
y las trasmutaciones del pez y del diamante;
y hay que imitar al cedro, que, en su oscuro trabajo,
sólo crece hacia arriba lo que crece hacia abajo.

»Pero el hombre confunde lo real con lo aparente,
el número inmutable con la letra que miente;
y hay cosas que supimos y que ya no sabemos
en las profundidades debajo de los remos,
y hay voces silenciosas en las profundidades
donde pudren su olvido las antiguas ciudades.

»Y aún subsiste el influjo de una ciencia secreta
que va de polo a polo sobre nuestro planeta,
y un poder invisible, pero que se presiente,
como una misteriosa telaraña envolvente.»

«Escucha» —siguió Kaba—: «Tú y yo, u otro cualquiera,
habitamos el mundo por su parte de afuera,
tan superficialmente como un árbol o un río,
girando en la infinita dimensión del vacío.
Y el hombre, ese incansable productor de excremento,
por más que abra los ojos no puede ver el viento...»

Y Kaba alzó una mano, para palpar la noche.
Y calló largamente. Y Azoth, como un reproche,
le murmuró al anciano: —«No has hablado de Dios...»

Y ya no dijo nada ninguno de los dos.

LAS RUINAS

LAS RUINAS

I

Un tibio sol de marzo reverbera en Jacagua,
que es donde están las ruinas de la ciudad sin agua.

He aquí el valle apacible, donde un día remoto
trepidó la epilepsia brutal del terremoto;
donde sólo perdura, del tiempo que se ha ido,
la hierba, que es la forma vegetal del olvido.

Hoy, sucios testimonios surgen bajo el arado,
pues al arar la tierra se está arando el pasado;
pero son corroídos maravedís de cobre
y el pobre que los halla no deja de ser pobre.

Ya únicamente queda, de cosas y de vidas,
un vaho penetrante de hojarascas podridas.
Pero en este silencio que crece más y más,
todo fue diferente, cuatro siglos atrás.

II

Eran treinta mansiones con sus techos de tejas,
con sus sólidos muros y sus góticas rejas;
y doscientas casuchas, para su desventaja,
con paredes de arcilla, con techumbres de paja.

Era una sola iglesia, con la fe suficiente
de un solo crucifijo para tan poca gente;
y un fortín protegía toda la población,
pero era suficiente con un solo cañón.

Era el brusco repique de una campana sola
que exageraba en bronce la piedad española;
y eran profundos pozos con el brocal sombrío
para la sed sin agua de la ciudad sin río.

Lámparas y linternas unían sus reflejos
como constelaciones en los altos espejos,
y estallaba en el polvo de las calles oscuras
el golpe de los cascos de las cabalgaduras;
o bien, sobrecogiendo las quietas madrugadas,
irrumpía un chasquido colérico de espadas.

Eran los descendientes de los treinta primeros
que llegaron al valle: los Treinta Caballeros;
y africanos e indígenas —hombres, niños, mujeres—
para los más humildes y rudos menesteres.

No preguntéis sus nombres. Preguntadle al olvido
quién recuerda mañana las nubes que hoy se han ido.
Y sobre el abandono de estos muros huraños
ha caído un olvido de cuatrocientos años...

Nadie oyó la campana de la Iglesia Mayor
que repicaba sola, temblando en el temblor;
y, al toque de difuntos de la loca campana,
se derrumbó en la noche la villa castellana.

Todo acabó de pronto, con un sacudimiento.
Y después, como siempre, siguió pasando el viento.

III

Hoy se filtran las lluvias solemnemente lentas
removiendo en la sombra las viejas osamentas,
o crujen las raíces al crecer por el aro
de las sortijas de oro, como dedos de avaro,
mientras el plenilunio tropical se dilata
convirtiendo las ruinas en sepulcros de plata.

Todo se fue en el viento de una noche cualquiera.
Y después, como siempre, volvió la primavera.

Aquí, ya otra vez firme la tierra movediza,
sólo queda el silencio final de la ceniza:
silencio de la hierba con su tenaz trabajo,
de la hierba que ignora lo que tiene debajo;
silencio de las noches de negror absoluto,
que es como si las ruinas se vistieran de luto;
silencio de la niebla, con su espectral misterio,
que es como un gran sudario sobre un gran cementerio;
silencio de las nubes que pasan todavía,
indiferentemente, lo mismo que aquel día;
silencio de las fechas desde el ayer aciago,
que es un tiempo sin tiempo sobre el Viejo Santiago.

Silencio, doloroso silencio de Jacagua,
que es donde están las ruinas de la ciudad sin agua...

PARABOLA DEL CASTIGO

PARÁBOLA DEL CASTIGO

Como un viejo profeta de barba enmarañada,
Yehví mira el futuro, pero no dice nada.
La gran ola de sangre que arrasa lo que toca
lo encontrará esperándola, de pie sobre una roca.
Y pasará el rebaño de tribus nazarenas
arrastrando un siniestro crujido de cadenas.
Hombres, mujeres, niños, se les verá pasar,
con su tristeza mansa caminando hacia el mar.
Y de allá, del oriente, de donde nace el día,
avanzará el espanto de una noche sombría.

Como un viejo profeta de barba enmarañada,
Yehví mira el futuro, y es triste su mirada.
La Cruz será ceniza, con sus podridos clavos,
sobre una miserable muchedumbre de esclavos.
Nadie hará la pregunta que ni el eco responde,
y volarán los pájaros poco importa hacia dónde.
No se alzará la espiga ni se abrirá la flor,
y el mundo será un hosco pantano de rencor;
y en esa sombra aciaga se secarán los ríos
sólo por no ser menos que los surcos vacíos.

De pie sobre una roca, como un viejo profeta,
Yehví mira el futuro con su visión secreta.
Allá abajo se extiende la fatal dinastía.
Nadie sabe qué tiempo durará todavía.
Pero, no importa cuándo, surgirá en lontananza,
después de horribles noches, un alba de venganza.
Con un crujir de hierros, en un instante apenas,
el furor del esclavo romperá sus cadenas;
y, victoriosamente, las tribus miserables
celebrarán el Juicio Final de los Culpables.

La cólera del justo será un viento violento
para la cobardía y el arrepentimiento.
Pero, ya ante los jueces el último enemigo,
si uno implora clemencia y otro exige el castigo,
quedando establecida la simple diferencia
de un **no** que lo perdona y un **sí** que lo sentencia,
del **sí** para la muerte y el **no** para la vida,
entonces, como un símbolo de lo que no se olvida,
con su paso solemne de profeta, ¡Yehví
bajará de la roca para decir que **sí**!

DIALOGO DE LAS SERPIENTES

DIÁLOGO DE LAS SERPIENTES

En la copa de un árbol, un viejo búho oía
la voz de una serpiente, ya cuando amanecía.

—«En verdad soy hermoso. Mírame las escamas,
donde aprende el ocaso la pompa de sus llamas.
Mi piel es como un lujo de flexible metal,
de brillo deslumbrante bajo el sol matinal;
y el agua me abre paso cuando cruzo los ríos,
porque me reconoce príncipe de los míos.
Mira bien en mis dientes el más blanco marfil,
estos dientes más pulcros que los lirios de abril.
Y, sobre todo, escucha mi silbido de amor,
que inútilmente intenta copiar el ruiseñor...»

Como trepando el árbol, la voz de la serpiente
ascendía en la sombra. Y una voz diferente,
pero también silbante, respondió a la primera,
mientras la oía el búho como si no la oyera.

—«En verdad soy hermosa. Mis ojos fulgurantes
penetran el futuro con sus negros diamantes.
Fui reina, pero siendo mi majestad tan mía,
donde quiera que vaya soy reina todavía;
y mi cueva se adorna de perlas y corales
como los más suntuosos palacios imperiales.
Quien me ve me desea. Quien me tuvo en la vida
ya sabe para siempre lo que nunca se olvida.
Así pues, vamos juntos, con desdén por lo ajeno:
tú, príncipe del canto; yo, reina del veneno...»

El viejo búho oía, bostezando en su rama,
el diálogo nocturno de jactanciosa trama.
Y sucedió que entonces la sombra se encendía,
y difundió su polvo de oro el nuevo día,
y el búho vio allá abajo, royendo las raíces,
sólo dos miserables, infelices lombrices...

*NUEVOS SONETOS CRUELES
Y SENTIMENTALES*

LA FUENTE SECA

La fuente del jardín, la vieja fuente,
con su tazón de limpios azulejos,
alzaba ayer su chorro transparente,
su pequeña catástrofe de espejos.

Y, al lento giro de las estaciones,
con sol o viento, en lluvias o neblinas,
fue un charco alegre para los gorriones
y un pozo azul para las golondrinas.

Hoy, que está arrinconada en el olvido,
la fuente es como un rostro envejecido
que aún quiere sonreír con una mueca.

Y se me queda triste la mirada,
porque recuerdo a una mujer amada
precisamente ante la fuente seca...

TODO FUE INÚTIL

Todo fue inútil: el rosal, el trigo,
la lluvia, el viento, el sol, la primavera,
y la ilusión de envejecer contigo
para que nuestro amor no envejeciera.

Todo fue inútil: la canción, el llanto,
la sonrisa, —y el sueño, sobre todo;
y amarte tanto y olvidarte tanto,
que fue un modo de amarte de otro modo.

Todo fue inútil, como la corriente
que se detuvo inexplicablemente,
y que se seca sin saber por qué;

y yo estoy aprendiendo a estar vacío,
porque mi corazón es como un río
que no sabe que el agua se le fue...

CASA EMBRUJADA

Hay algo en este caserón sombrío,
algo que se insinúa o se presiente,
y pasa como un hálito de frío
que hace ladrar los perros de repente.

A veces, en las turbias madrugadas,
sobresaltadamente me despierta
un misterioso ruido de pisadas
o el chirrido inquietante de una puerta.

Y puede ser el viento, o el crujido
de las paredes, o lo que haya sido,
en el portal o junto a la consola;

pero indudablemente no es el viento
cuando, en la oscuridad de un aposento,
la luz que yo apagué se enciende sola.

EL VIEJO SACRISTÁN

Olvidado de antífonas y preces,
del atrio oscuro y del latín estrecho,
muriendo solo, que es morir dos veces,
el viejo sacristán yace en su lecho.

Olvidado de todo, no recuerda
los lentos dobles ni el repique diario,
ni sus manos crispadas en la cuerda,
ni la trepidación del campanario.

Porque quizás se lo recordaría
su campana, sonando todavía,
igual que siempre, al toque de oración;

pero suena tan ronca y tan lejana,
que ya confunde el son de la campana
con el latido de su corazón.

SONETO TEMPORAL

Este día con tiempo de otro día
es otro día más hacia el siguiente,
como un río que pasa bajo un puente
y con puente o sin puente pasaría.

Este día con tiempo todavía
no sabe ser un día diferente,
porque si no, a la hora del poniente,
se encendería y no se apagaría.

Así, para este tiempo que no existe,
no significa nada un hombre triste,
un puente roto, un río que se va;

y para mí, que existo todavía,
este día es un tiempo de otro día,
un poco más acá del más allá...

TU VIEJA CASA

Tu vieja casa con ternura mía
ya no está aquí, nevando en su madera;
ni aquel estanque donde atardecía
maravillosamente en primavera.

Todo aquello se fue como el rocío,
como la lluvia de pesadas gotas;
y es triste ver, en el solar vacío,
papeles sucios y botellas rotas.

Y tú, con tu mirada de otro día,
vas andando en la sombra todavía,
hacia el olvido que no tiene fin;

pues aquella ilusión, ya tan lejana,
siendo más que la lluvia en la ventana,
fue menos que la hierba en el jardín...

SONETO MATINAL

Subiendo por mi calle, la neblina
se va extendiendo a la ciudad entera,
deteniéndose un poco en cada esquina
antes de echar a andar por la otra acera.

Yo, en mi paseo matinal, procuro
asumir la apariencia provinciana
de un señor de bombín y cuello duro
que comulga tres veces por semana.

Y voy con la neblina, paso a paso,
correcto y frío, sin hacerle caso;
pero, por una imagen paralela,

la neblina parece que camina
casi como si fuera mi sobrina
y yo la acompañara hasta la escuela...

EL NÁUFRAGO

Yassín, allá hacia el sur, distingue tierra,
en el brusco vaivén de un mar sombrío,
y en un temblor agónico se aferra
al inclinado mástil del navío.

Ya la cubierta inicia su declive
final bajo las olas espumantes,
y él es el único que supervive
—el único entre doce tripulantes.

Allá, a lo lejos, suavemente brilla
como el oro la arena de la orilla
al sumergirse el mástil en el mar;

pero aquel único superviviente
se hundirá con la nave, fatalmente,
porque Yassín nunca aprendió a nadar...

EL POZO

—«Será mejor mirar la luna arriba,
y no allá abajo, donde se refleja.»
Pero el señor obispo no se iba,
mirando el agua en actitud perpleja.

Y allí está en oración, junto a la oscura
boca del pozo de la Colegiata;
y, al inclinarse en el brocal, fulgura
pendularmente el pectoral de plata.

Pero no, a monseñor nunca lo atrajo
la inexistente luna de allá abajo,
ni allá arriba la luna verdadera;

sino que, en lo profundo de aquel pozo,
un sapo canta, como en un sollozo,
lo triste que es ser viejo en primavera...

EL MINERO

Día a día se afana la piqueta
en el profundo túnel, vanamente:
Nunca se ha visto la dorada veta,
el filón de metal resplandeciente.

Y ya al atardecer sale el minero
y con paso inseguro va hacia el río,
ese río que es cálido en enero
y de amable frescura en el estío.

Pero una noche, inesperadamente,
con sus líquidos músculos de toro,
se le encima una súbita creciente;

y así se ve, bajo la luna llena,
un cadáver cubierto por la arena,
—por una fulgurante arena de oro...

EL CAZADOR DE HORMIGAS

Ondularás tu espejo, amigo mío,
ondularás tu espejo de manera
que deforme tu imagen verdadera,
como cuando te miras en un río.

O dirás que en verano sientes frío
como en invierno nadie lo sintiera,
para decir que el sol de primavera
se parece a la luna del estío.

Y eso está bien, —no importa lo que digas,
pues casi siempre el cazador de hormigas
relata cacerías de elefantes.

Y al fin podrás morirte satisfecho
de lo que has dicho y de lo que no has hecho,
por más que todo siga igual que antes...

EL SONÁMBULO

Lo veréis por la sombra, donde turna
su identidad ante una doble puerta,
porque, al dormirse su conciencia diurna,
su conciencia nocturna se despierta.

Y es él, pero no es él, sino el reflejo
de lo que sueña, aunque no esté dormido,
—como quien se detiene ante un espejo
y ve la imagen de un desconocido.

Y no importa que ande donde anda,
por viejas calles o por nieve blanda,
ni cuándo ha de volver, hosco o risueño;

sino esa dimensión de nuestra vida
que es como un sueño que se nos olvida
aunque sepamos bien que no es un sueño.

LA TELARAÑA

La telaraña, en esta tarde fría,
se estremece en la lluvia y en el viento,
y es su redondo encaje ceniciento
la prehistoria de la Geometría.

Y la clara Doncella casi mía,
asomada al balcón de su aposento,
tal vez no sentirá lo que yo siento,
pero ya sabe lo que no sabía.

Y está mal que sonría desdeñosa,
sin condolerse de la mariposa
que lucha en vano con la red huraña;

porque lo que no sabe la Doncella
es que el Deseo, por detrás de ella,
teje y teje su roja telaraña...

EL MENSAJE

—«Vengo de Allá. Ve tú.» —me dijo el duende,
me guiñó un ojo y se filtró en el muro,
igual que un fuego fatuo que se enciende
y que se apaga en un rincón oscuro.

Yo me encogí de hombros en el lecho
—un transitorio lecho de hospedaje—
porque un duende, con todo su derecho,
se puede equivocar dando un mensaje.

Y en ese instante, sin haber tormenta,
entró no sé qué ráfaga violenta
que derribó los muebles de la alcoba.

Y ahora despierto y no recuerdo nada,
pero alguien me dejó sobre la almohada
un gorro puntiagudo y una escoba.

LA BRUJA

Su noble frente, su mirada pura,
le van bien con el nombre de María.
—«Pobre muchacha» —hay alguien que murmura—
«viviendo sola con su horrible tía...»

Hay quien suspira si la ve de lejos,
quien besa el polvo por besar su huella,
pues son muchos los jóvenes y viejos
secretamente enamorados de ella.

Y como pasa un mes y ella no pasa,
hay quien toca a la puerta de su casa,
y toca en vano hasta que al fin la empuja;

y sólo ve el cadáver de la tía,
—la vieja horrible, la espantosa bruja
que era, a la vez, la virginal María.

EL RITO

Don Antón, noche a noche, como un rito
de sus extravagantes fantasías,
hace señales hacia el infinito
con su viejo farol de guardavías.

Lo apedrea el noctámbulo que pasa,
entre las risotadas del sereno,
pero él sigue en el techo de su casa
con su obstinado rito extraterreno.

Y, ante la torpe burla de la gente,
don Antón guardará celosamente

un secreto que nadie le creería;
y es que ya, en ciertas noches invernales,
desde la más remota lejanía,
hay alguien que responde a sus señales.

LA INSCRIPCIÓN

En un hosco rincón de la montaña,
que es lo más alto ante lo más profundo,
Wilhem descubre una inscripción extraña,
de gente de otro tiempo o de otro mundo.

—Un tesoro, tal vez... E inútilmente
remueve textos, desentraña ritos,
y recorre las ruinas del oriente
o exhuma medievales manuscritos.

Y todo en vano. Pero en su porfía,
Wilhem, ya viejo, insiste todavía,
y signo a signo, en terco frenesí,

reconstruye el idioma en la escritura,
y al fin descifra la inscripción oscura:
«Ran Okberg, comerciante, estuvo aquí...»

ÁRBOL VIEJO

Muerto en pie, mineral en tu madera,
tus raíces, crispadas y salientes,
más que raíces, son como serpientes
que no sé qué sequía echó hacia afuera.

Hoy, que ha vuelto otra vez la primavera,
quién sabe lo que sientes, si algo sientes,
evocando los pájaros ausentes
y tu suntuosa floración postrera.

Sin una hoja, ni una flor, ni un nido,
permaneces en pie, pero te has ido,
en tu terrible ausencia estando ahí;

y tarde a tarde el sol te transfigura,
pues tu sombra echa a andar por la llanura
igual que un hombre parecido a mí...

: *VARIANTES DE
VIEJOS POEMAS*

CANCIÓN DE LA MUJER LEJANA

En ti recuerdo una mujer lejana,
lejana de mi amor y de mi vida,
a la vez diferente y parecida
como el atardecer y la mañana.

Y hay en tu parecido con la ausente
tantas afinidades misteriosas,
que me equivoco hablándote de cosas
que son suyas y mías solamente.

Y te digo que es bella, porque es bella,
aunque no sé decir, cuando lo digo,
si pienso en ella porque estoy contigo
o estoy contigo por pensar en ella.

Pero si la encontrara de repente,
tan bella como ayer, o más acaso,
le cedería cortésmente el paso,
con una cortesía indiferente;

y sin mirarla más, pero tampoco
sin separar tu mano de la mía,
después que ella pasara, te diría:
—«Esa mujer se te parece un poco...»

LA SED INSACIABLE

Decir adiós... La vida es eso.
Y yo te digo adiós, y sigo.
Volver a amar es el castigo
de los que amaron con exceso.

Amar y amar toda la vida,
arder y arder en esa llama,
y no saber por qué se ama
y no saber por qué se olvida.

Coger las rosas una a una,
beber un vino y otro vino,
y andar y andar por un camino
que no conduce a parte alguna.

Buscar la luz que se eterniza,
la clara lumbre duradera,
y al fin saber que en una hoguera
lo que más dura es la ceniza.

Sentir más sed en cada fuente
y ver más sombra en cada abismo,
en este amor que es siempre el mismo
pero que siempre es diferente.

Porque en el sordo desacuerdo
de lo vivido y lo soñado,
sigue encendido en el pasado
lo que se apaga en el recuerdo.

Y en esa angustia que no es ésa,
que toca el alma y no la toca,
besar la sombra de otra boca
en cada boca que se besa...

EL AMOR IMPOSIBLE

Esta noche pasaste por mi camino
y me tembló en el alma no sé qué afán;
pero yo estoy consciente de mi destino,
que es mirarte de lejos y nada más.

No, tú nunca me has dicho que hay primavera
en las rosas ocultas de tu rosal,
ni yo debo mirarte de otra manera
que mirarte de lejos y nada más.

Y así se van las rosas de cada día
dejando las raíces que no se van;
y yo con mi secreta melancolía
de mirarte de lejos y nada más.

Y así pasas a veces, tranquila y bella,
así, como esta noche te vi pasar,
aunque debo mirarte como una estrella
que se mira de lejos y nada más.

Y aún serás imposible, siempre prohibida,
más allá de la muerte, si hay más allá;
porque en esa otra vida, si hay otra vida,
te miraré de lejos y nada más...

LA DAMA DEL SÁBADO

Te recuerdo en la lluvia, con tu sonrisa lenta,
que se hizo dulce y loca como el sábado aquel.
Si hubo culpa, la culpa la tuvo la tormenta
que te cerró los ojos y acarició tu piel.

Domingo, lunes, martes, y la cita lejana.
Miércoles, jueves, viernes... Seis veces no y un sí.
Mi amor era un gran sábado llenando la semana,
con seis sábados tristes, pero tuyos sin ti.

Hoy es lunes, o martes, y en tu mano derecha
hay un anillo de oro con quién sabe qué fecha,
pero que no es la fecha de olvidar el ayer.

Porque, al fin, fatalmente, será como un castigo
besar de noche al hombre que aprenderá contigo
lo triste que es un sábado cuando empieza a llover...

SONETO DEL AHORCADO

El beodo me hablaba dificultosamente,
entremezclando frases con hipos de aguardiente:
él, residuo de hombre, sin vigor ni decoro,
era el único dueño de un singular tesoro.

Y vi en su mano torpe, tal como una serpiente
de escamas de oro puro, la trenza reluciente:
su tesoro romántico, su reliquia, —aunque ignoro
de quién era la trenza de cabellos de oro.

Y una noche de lluvia se colgó de una rama,
y un rechinar de dientes epilogó su drama
de recorrer a tientas las brumas del alcohol.

Y allí lo vimos todos, al inflamarse el día,
y en su cárdeno cuello la trenza relucía
cual si se hubiera ahorcado con un rayo de sol.

INDICE

ÍNDICE

TEMARIO SENTIMENTAL

Amamos porque sí 9
Canción del hombre solo 11
La mina encantada 13
Poema de la alcoba 15
Te lo dirá tu espejo 17
Canción contigo 19
Esa mujer 21
Parábola del río 23
Soliloquio del vagabundo 25
Poema lejano 27

INTERMEDIO NOCTURNO

Andamos entre sombras 31
Nocturno del troglodita 33
Canción del indiferente 35
El algodonero 37
Meditación del desmemoriado 39

SUMARIO DE LA LLUVIA

Canción lloviendo 43

Consejo	45
Poema de las fechas	47
Elegía provisional	49
La hoja amarilla	51
Hombre en la sombra	53
Hubo una vez	55
Nombre de lluvia	57
Arte poética	59
Siempre hay un día	61
Canción tardía	63

PARÁBOLA DEL CIEGO	65
LAS RUINAS	71
PARÁBOLA DEL CASTIGO	77
DIÁLOGO DE LAS SERPIENTES	81

NUEVOS SONETOS CRUELES Y SENTIMENTALES

La fuente seca	87
Todo fue inútil	89
Casa embrujada	91
El viejo sacristán	93
Soneto temporal	95
Tu vieja casa	97
Soneto matinal	99
El náufrago	101
El pozo	103
El minero	105
El cazador de hormigas	107
El sonámbulo	109
La telaraña	111
El mensaje	113
La bruja	115

El rito	117
La inscripción	119
Árbol viejo	121

VARIANTES DE VIEJOS POEMAS

Canción de la mujer lejana	125
La sed insaciable	127
El amor imposible	129
La dama del sábado	131
Soneto del ahorcado	133

www.ingramcontent.com/pod-product-compliance
Lightning Source LLC
Chambersburg PA
CBHW050557300426
44112CB00013B/1953